PÓKER CON LAS ESTRELLAS

Aixa Valfiguer

EDITORIAL

Poesía...
eres tú.

Póker con las estrellas

Primera Edición 2024
© *Aixa Valfiguer es el seudónimo de:*
Aixa Luana Valdivia Figueroa 2024

© *Editorial Poesía eres tú.*
https:// poesiaerestu.com
C/Dr. Fleming Nº50, 4ºD
28036 Madrid
Teléfono: 34 91 345 38 17
Fax: 34 91 350 80 54

ISBN: 978-84-18893-85-8
Depósito Legal: M-24469-2024

Reservados todos los derechos. Esta publicación no puede ser reproducida, ni en todo, ni en parte, ni registrada o trasmitida por un sistema de recuperación de información, de ninguna forma ni por ningún medio, sea mecánico, fotoquímico, electrónico, magnético o por fotocopia, o cualquier otro sin el permiso previo por escrito de los titulares del copyright.

POKER
CON LAS ESTRELLAS

Los hombres quieren volar, pero temen al vacío. No pueden vivir sin certezas. Por eso cambian el vuelo por jaulas. Las jaulas son el lugar donde viven las certezas.

Fiódor Dostoyevski

Advertencia

Está prohibido volar en estas tierras.
Está prohibido mirar al cielo.
Están prohibidas las alas
porque la vida se traza en los callejones sin salida,
se confiesa en la taberna de las ratas,
se disfruta en los prostíbulos de las víboras
y sus prostitutas de bajo coste para los hipopótamos
antes de que estos firmen las leyes en las alcantarillas.

Está prohibido acercarse a la ciudad de noche.
Está prohibido escuchar sus súplicas.
Está prohibida la puerta abierta
porque es una invitación a las bestias descocadas,
a los hombres que maldicen su rutina,
a los cocodrilos que temen salir a ver el cielo,
a la luna que llora profundamente en silencio
mientras las estrellas te roban la esperanza.

Está prohibido ser la sombra de una bestia.
Está prohibido ser la fe de un hombre.
Está prohibido cantarle a la luna
para calmar su llanto inaudible
y apostar un todo o nada
jugando al póker con las estrellas.
Esto es, en fin, un mundo condenado al hastío
donde está prohibido ser libre.

Hombre

Mundo de bestias

Hay un alma olvidada por cada estrella,
hay cien almas calladas por cada mirada valiente,
hay mil almas llorando por cada lágrima seca.

Vengo de un mundo condenado al olvido,
viviendo tras los interminables trazos
de un compás descompuesto y herido.

Vivo en un mundo hecho de sombras
y de luces escondidas tras billetes inasibles;
de verdades que matan, de silencios que agotan
mientras suena una música de circo imperceptible.

Ya los días son años, ya los años son vidas
y los muros asfixian y las bestias se enaltecen
viendo cómo los últimos suspiros de sus víctimas
se acallan y se confunden y languidecen.

Los hombres

El cielo anaranjado grita el alba
allá donde los gallos enmudecen aterrados
y las gallinas estériles derraman lágrimas.

Marchan los hombres en fila
con maletín negro y pala en mano
a cavar sus tumbas en la fábrica.

Lejos de las bestias salvajes de la noche,
intoxicándose en silencio,
van preparando sus lápidas

porque la basura tiene brazos y piernas,
un dolor en el pecho
y un caos en la mente.

Paso a paso, huella a huella
el cielo anaranjado grita el alba
y el hombre susurra "muerte".

Café y tabaco

Me despierto al alba con los gallos aterrados
en una caja de hormigón con dos ventanas,
una que enseña el agostado camino al trabajo
y la otra, el caótico circo de una ciudad alienada.

No sé a cuál de las dos temo más. Temo ambas
porque ninguna me pertenece, yo estoy en otro lado,
en lo profundo de mi inicua mente que amenaza
con derruir mi cordura si no continuo los pasos.

El café cae gota a gota, muriendo del cansancio
en un vano esfuerzo de darme el brío que no poseo
calentando todo mi ser con solo remojar en él mis labios.

Siempre hay días tristes, pues triste está el cielo
pues ni el sol ni la luna saben hacer bien su horario
si le ha cubierto la vista el humo del tabaco negro.

Himno de los locos

Una tarde de primavera volviendo del trabajo
un compañero se detuvo ante una flor hermosa
y quiso arrancarla para tenerla entre sus manos
y nos acercamos corriendo a proteger la rosa.

"La belleza no se mata" —le reclamamos en coro.
"La belleza no se mata" —repitió él— "Se admira".
Volvimos a la senda cantando el dogma de los locos.

"El amor no se compra" —comenzó uno de los esclavos
y rio fuerte de pena, pues nadie había amado nunca.
"El amor no se compra" —repetimos nosotros más alto.

"La vida no se espera" —continuó el más viejo hombre.
"La vida no se espera. La vida se busca" —respondimos
con un nudo en la garganta y el dolor de un fuerte golpe.

"La muerte no se cava" —replicó el esclavo más nuevo.
"La muerte no se cava" —le confirmamos— "Nosotros
ya no estamos vivos, es para cuando se pudra el cuerpo".

¿A qué esperamos?

La luna enferma con mi canto
porque yo mismo tengo dudas.
Llevo unas semanas pensando
para qué preparo mi tumba.

¿A qué esperamos los hombres?,
¿al café tostado de la mañana,
a la copa de vino de la noche,
a sentarnos frente a una pantalla

para ver cómo los demás viven
lo que nosotros solo esperamos?
Yo no me siento muerto, ¡miren!
y díganme acaso por qué soy esclavo.

Las estrellas no lloran

No estoy llorando, mírame a los ojos,
bebe de las gotas que se esparcen por mi rostro,
no son mis lágrimas, no, no es mi tristeza.
Son el reflejo del llanto de cada estrella
cuando todavía luchaba por nosotros.

Soy esclavo del odio a un origen cobarde.
Soy hereje a mis genes de hombre loco.
No merezco derramar mis lágrimas,
por eso lloro por otros.

Nací en un nido de musgo y huevos negros
sobre una arena áspera y ardiente
manchada por la sangre de los muertos.
¡Qué importa que mi cuerpo siga indemne
si me han acuchillado por dentro!

Yo soy mi propia tumba, y lo merezco.
Alimenté a las bestias con huevos de codorniz
siendo yo un niño con plumas en vez de dedos.
No, no quiero llorar por mí.

La playa

El mar no es más que un desierto sumergido en lágrimas
que alberga tesoros perdidos y sueños frágiles,
mas yo, desde la ardiente arena, veo pirámides
creadas por pesimistas allá en su infancia.

Si yo dejara caer una gota de mis ojos
la vería hundirse mar adentro, ¿mas poseerla?
Dejó de ser mía al obsequiarle una maleta
en un viaje sin vuelta, llena de pena y enojo.

No hay derecho en reclamar aquello que he dejado
oculto en el pasado o abandonado al olvido
ansiando que una ola de mar se lo hubiese tragado.

Yo hacía en la orilla pirámides de caprichos,
y nadaba en el desierto y me envolvía el llanto
deseando que fueran lágrimas de cocodrilo.

El dulzor de un recuerdo

En estos tiempos oscuros
cuando el corazón se vacía
y la mente se marcha por un tiempo
hacia un recoveco lejano de la vida
vuelve a mí el dulzor de un recuerdo.

El constante golpear de las olas
contra la roca, y el danzar del viento
movían los nidos que las gaviotas
habían fabricado para protegernos
de lo que aún no sabíamos que existía.

Era un niño corriendo por la orilla
de una playa remota, y construyendo
montañas y pirámides en la arena.
La felicidad plena cabía en mi sonrisa
y en el brillo de una mirada sincera.

En estos tiempos oscuros
confieso que mi alma tiembla
por saberme deudor de un mundo
que le ha otorgado segundos
a quien la vida desecha.

Esclavo del deseo

Todo libre albedrío cabe en un pestañeo
cada alma aprisionada tras grilletes invisibles,
perdida en la adicción de deseos imposibles,
queda clavada a la oficina de un rascacielos.

Toda la existencia cabe en un segundo
porque la felicidad no se rige por metas,
porque nadie ve los años de condena
que alimenta la ira y engrandece el orgullo.

Todo el mundo cabe en un suspiro
en la última exhalación de un hombre,
en la mirada de un cadáver sin nombre
que ha enterrado sus recuerdos y ha vivido.

Víbora

El sueño de las bestias

Las llaves se esconden bajo los felpudos
y los tapones silencian el socorro de los infantes
y las ayudas de las bestias en las calles.

Los cirios languidecen por las fieles ratas
bienaventuradas, saludadas por los santos,
que van a gastar sus pecados en las tabernas.

Las prostitutas claman justicia
ante las fauces de los cocodrilos
que nadan imponentes en las alcantarillas.

Ya las víboras se toman un descanso
y los bancos de tiburones se acercan
a los cementerios sin ramos de flores en sus tumbas.

La oscuridad se apodera de las ciudades y pueblos
mas si los oídos hacen el amago de escuchar
sabrán por qué está, entre la vida y la muerte, el sueño.

El amor no se compra

Con la vista perdida en un rincón sin esquinas
en una madera podrida sobre las baldosas,
botella en mano, congelada y temblorosa,
lloraba una víbora con las vestimentas roídas.

Me senté a su lado y la envolví con mi ropaje
y la sentí temblar y calmarse en mis brazos.
"¿Por qué lloras? Todos te están buscando.
Tienes muchos clientes esperando a amarte".

"No me buscan porque me amen", susurró,
"Nadie me ha amado nunca, solo me desean,
quieren mi cuerpo. Yo no sé qué es el amor".

"Quédate este rato mientras no nos vean,
deja que pase la noche y vuelva a brillar el sol
hasta que, entre tus brazos, se calmen mis penas".

Las víboras

Hay tristeza en los ojos de la víbora
mientras repta por las piernas
de sus ansiosas víctimas
esperando a que amanezca.

Se retuerce constantemente
en busca de un nuevo ángulo,
de un nuevo viejo cliente,
y cambia de piel una y otra vez
hasta que alguien la alabe.

Quien se odia a sí mismo
ama el mal en el mundo.
Yo, efeméride del ahora,
que me compadezco de cada herido,
invisible entre el tumulto,
¿soy el amor que odian?

A sangre fría

Dentro de poco solo quedarán las estrellas
en este mundo que enternece por su telliz,
de mantener impecable la eterna apariencia
atrapados, atrofiados, en esta jaula de marfil.

Día tras día, noche tras noche, año tras año,
vamos construyendo torres de amargura
que van consumiendo el alma y nos hace daño
hasta morir en vida, esperando haber cavado la tumba.

No vivimos de lujos, no, vivimos de vicios.
Vicios que nos atrapan en una red adictiva
y nos dejamos amarrar y abrazar por el delirio

de ser magnánimos señores y damas de la vida,
mientras vamos apagando la luz con que nacimos,
mente de colmena, alma de mendigo, sin sonrisa.

El circo de la noche

En las largas noches,
cuando reina el silencio,
rebusco en las entrañas de mi alma
la razón intrínseca de mis desvelos.

Las víboras nocturnas se esconden
en las calles, sin farolas, tras los pasos
de los hombres que no duermen.

Esperan con la boca medio abierta
a que una súplica levante sus faldas
y se enredan en los pies de sus presas
sabiendo que no serán recordadas.

En noches como esta, cuando la luna
está en huelga, y no llega hasta ella mi canto,
juego al póker con las estrellas.

Las cárceles de alcohólicos cierran
y una colonia de ratas se escapa del veneno
que las gotas del rocío les riega
y corren a prepararse a su agujero.

El humo intoxicado dibuja su silueta
allá en lo más alto de los soportales
del hipopótamo cegado en su codicia.

Las víboras vuelven a las sombras,
las ratas se enjuagan los colmillos en la oficina
el cielo pide cinco minutos más para despertarse
y el amanecer se detiene.

Una brisa helada limpia el aire de las calles
y el rocío se mezcla con la sangre fresca
que tiñe cada adoquín de la plaza de la justicia.

En las largas noches, cuando el silencio reina,
un dolor en el pecho me desarma.
Arrecia la tristeza en luna nueva
y las estrellas me ganan a las cartas.

¿Quién soy?

¿Quién soy? Hasta los copos de nieve
del primer invierno evitan responderme.
La luna me acaricia con su tenue luz
mientras las estrellas preparan las cartas al verme.

La última brizna del otoño desaparece sin despedidas
y los violinistas me consuelan con un nocturno
a sabiendas de que atraerán a los hipopótamos y a las ratas
que han debido llenar sus pecados en la oficina.

¿Quién soy? Las víboras me abrazan al atardecer
y compartimos lágrimas de cocodrilo.
Soy invisible en las noches de luna nueva.

Nadie es quien dice ser con un micrófono en los labios
ni con un fajo de árboles pincelados en los bolsillos.
No hay verdad libre de ser prostituida en sucias manos.

Nuevo mundo

Siempre he cumplido con el rol de mi raza.
Siempre he sido el niño que cumple la norma,
es por ello que unos me odian y otros me honran
mas nadie se pregunta qué siento en mi alma.

La idea ya no es nuestra, es de otros.
La voluntad ya no es nuestra, la mente…
La mente queda degradada a sus propósitos.

Quiero un mundo que ya existe.
Existe al deshacerse de la pestaña suelta,
al admirar, en la noche, a la primera estrella,
al arrancar el diente de león de sus raíces

y soplar, igual que las velas de un cumpleaños
y se pide un deseo desde lo más hondo del alma
como quien llora a los muertos recién enterrados.

Dos almas en el abismo

Me dejas la mente fría y la piel ardiendo
mientras practicas la sonrisa frente al espejo.
¡Oh, querida víbora! Siempre estás fantástica.
Deja de esconder tu tristeza con maquillaje,
no debes de preocuparte,
a nadie le interesan tus lágrimas.

Te preguntarás entonces por qué te consuelo
y las limpio con un paño de fina seda…
Es fácil. Yo no busco el placer de tu cuerpo.

¡Oh, querida víbora! Yo no te deseo.
No mudes tu piel para buscar mi afecto.
Solo soy un esclavo acomodado.
En este mundo que no nos pertenece
quiero que entiendas que yo te amo…

El orden de las víboras

Las víboras mantienen el orden
en las noches oscuras y revueltas
calculando cuánto alcohol entra
y sale de las tabernas de los pecadores.

Controlan que las puertas de los infantes
se mantengan cerradas e insonorizadas,
y que todas las bestias sean mimadas
dejando que las leyes se quebranten.

Ignoran a los hombres como yo en la noche
dejando que nos unamos a sus bacanales
con la única condición de olvidar sus nombres.

En la madrugada, observan en el cielo a las aves
y asesinan, obligadas y tristes, a las que no retornen
y así los niños cumplan las normas que les dan en clase.

Fuera de la jaula

Dicen que no corre el aire más allá de la jaula,
ni brillan las estrellas ni la luna llena
y el sol ardiente te incinera si te acercas
mas los pájaros vuelan libremente
y se ríen de las bestias desde el cielo,
altivos y egoístas, cuando el sol los protege.

Ya un ave canta, ya un ave muere
y nadie levanta su cadáver de las calles.
Las víboras las desmiembran, las noches de luna nueva
y a la mañana siguiente los niños les arrancan
las plumas para mostrarlas en clase.

Dicen que llevan la mentira reflejada en su mirada,
tan altiva y traicionera, víctimas por derecho,
susurran al oído de sus presas sus más profundos deseos
y, ya alienados, los lanzan desde lo alto de la alambrada.

No se acerquen a las palomas, ratas con alas,
veneno en su repudio, despreciables,
¡y tan libres que me amargan!

Dejen que se acerquen en la noche oscura
que yo mismo les tenderé la trampa.

Paloma

Luces y sombras en la penumbra

El café no llega a despertar el ansia de vivir
y el humo del cigarro de los hipopótamos sedientos
sube cual huracán desde el banquete al cielo.

Las víboras danzan y ríen para alegrar el festín
y los cócteles inundan la taberna de las ratas
dejando los labios secos y la sonrisa caducada.

En la soledad de una noche que no es noche
solo las ratas beben y me escuchan
tan cerca y tan lejos de las bestias disolutas.

Vi la figura de una paloma ensangrentada
bajo la luna que calma mi dolor y mi lamento
y me acerqué para acabar con su tortura.

Cada amanecer la misma historia mal contada,
importa el color de las plumas o el tamaño de las alas
pero nunca el dolor, el temblor o sus lágrimas.

En la soledad de un hombre que no es hombre,
escuché de sus labios mi nombre ¡mi nombre!,
¿cómo puedo entonces matarla?

Acercamiento

Por desear volver a verte
fui a buscarte por las calles,
te encontré junto a una fuente
y te escondí para cuidarte.

Por mirarte mucho y tanto
a lo lejos y sin coraje
te he brindado nombre y canto
para dedicarte en la noche.

Por soñarte bastante y poco
estando despierto a tu lado
me he vuelto cuerdo y loco
por ser el autor de tu sonrisa.

Por acercarme algo y nada
en silencio y en cuclillas
te ofrecí mi mano temblorosa
y me devolviste un beso en la mejilla.

Indulgencia

Estabas allí, con tu sutileza,
borrando mis huellas cada madrugada,
observando desde lejos, sonriente,
sabiendo que hay más gente haciendo trampas.

Yo, buen hombre, mal esclavo
que no posee ni sonrisa ni lágrima
me acerqué a ti, medio curioso, medio obligado,
tras soñarte muerta sobre mi lápida.

Te he soñado tantas veces, y me inquieto
por imaginarme perdido entre tu canto.
Admiro tu valentía, y lo reconozco, tengo miedo
de verte morir por acercarme tanto.

No es sueño la vida

Todos sueñan lo que son
aunque ninguno lo entiende
Calderón de la Barca

Volar con alas de blancas plumas.
Sentir el viento en mi cansada piel.
Observar desde el cielo el abisal paisaje
dejándome llevar, del azar a merced.

Despedirme de mi cama y mi vivienda,
del transporte, del suelo y de la tierra.
Despedirme de todo aquello que me ataba al mundo…
… y volar.

Volar lo más alto que el cielo me permita,
abandonar las normas y responsabilidades,
sentir que el oxígeno se agota en los pulmones…
… y subir.

Subir adonde nadie haya subido;
contemplando, junto a la luna,
aquel escenario donde me he consumido.

Todo queda demasiado lejos,
el tiempo se mezcla entre las agujas del reloj.
Solo restamos mis largas alas
de blancas plumas y yo.

¿Pueden oírme los soñadores?
Y los libres del mundo responden:
¡Adiós! ¡Hasta nunca! ¡Adiós!

Deseo la libertad que me fue arrebatada
en el primer segundo de mi existencia.
Necesito ver mi cuerpo sin cadenas,
necesito ver mi alma descocada.

Me acercaré al Sol, le cantaré a la Luna.
¡Gozaré de la libertad de mi alma,
de mis largas alas de blancas plumas!

Volaré tan alto que se olvidarán de mí,
y yo me olvidaré de que esto es un sueño.
¿Volverá el mundo a declararse en luto
al saber que alguien más muere por vivir?

La paloma

Dulce agonía tenerte entre estas rejas
sabiéndote perdida y derrotada, y solo mía.
Amargo desespero tenerte como amiga
¡Oh, paloma mía! Deseo calmar tu pena.

Deseo salvarte de sus garras y colmillos
y alejarnos de este mundo y del siguiente
para así poder amarnos libremente
¡Oh, paloma mía! Sueña conmigo

porque el amor no vive en esta villa
donde la sangre tinta la arena y las fachadas
tienen ojos que no ven las injusticias.

Deseo salvarte de esta realidad tergiversada
de este sueño convertido en pesadilla
en el que uno a uno se han ido cortando las alas.

Amor amante

Has estado escondida
aquí, bajo mi yugo,
casi un lustro de mi vida
que me han parecido segundos.

A veces te marchas
en la noche, cuando las estrellas
me ganan a las cartas,
pero siempre regresas.

Hay un sentimiento que deseo confesarte
que tú me has confesado muchas veces
aunque no fuera capaz de contestarte.

Hay un sentimiento que me parte
y me destroza y me consuela y me enternece
y tú te ríes triste al pretender no amarme.

Encuentro en la noche callada

Eres la estrella lejana del firmamento de mi anhelo
una luz que ilumina mis noches más oscuras y calladas
mi amor más profundo, mi misma alma desbordada
de un sentimiento tan lícito y puro como banal y secreto.

Eres el brillo de mis ojos apagados, el fulgor de mi mirada
la fuente de dicha y de adrenalina que mueve el cuerpo,
mi cuerpo, aquel que caminaba por el mismo sendero
sin pretender conocer más allá de sus propias pisadas.

El mundo de las bestias se ve a través de una cerradura
y el mundo de las aves se ve a través del otro lado
y vamos de un lado a otro al soñar despiertos, al amarnos,
sin darnos cuenta de que nuestra visión es diminuta.

Este mundo lo hemos convertido en nuestro secreto
pues nadie más que nosotros sabe cruzar la puerta,
nadie más ha intentado cegarse y marcar con huellas
una nueva senda que no sea gobernada por los miedos.

Te elijo

Elijo que sea un crimen el no vernos
en esta jaula que hastía y corrompe
y llena los pulmones de humo negro
y llena los santuarios de pecadores.

Elijo que sea un crimen el no amarte
en este claro cielo que protege la luna
y libra a mi mente de miedos y pesares
y libra a mi corazón de la pena y la culpa.

No es mío este momento, es nuestro.
Antes que dejarte, elijo perder la vida.
¡Mas si pasara y no muriera, caerá del cielo
una lágrima, y se fundirá con la mía…!

Sin destino ni destinatario

¿A dónde irás, cuando el sol se marcha,
con tu llamativo plumaje, a esconderte?
¿A dónde irás, cuando la luna se apaga,
con tus largas alas, si no es a verme?

Desearía que estuvieras a mi lado
y poder vivir contigo en nuestra casa.
Desearía tenerte entre mis brazos
y así me mires con tus ojos de esperanza.

No quiero, no, cuando el sol despierte
saberte en una calle desplumada.
No es esta vida, la que tengo, no

aquella que me liberará de la jaula,
aquella que me hará volver a verte.
No quiero, no, que me hagas falta.

No éramos nosotros

Si las bestias nos encuentran
enredados entre los matojos
lejos de nuestras cadenas
diré que no éramos nosotros.

Y así, quizás, volveremos a la fábrica
tú desde el cielo esquivando las flechas
y yo regando la tierra seca con lágrimas.

Diré que no éramos nosotros
cuando vislumbren una paloma blanca
caminando solitaria por el soto
con un corazón roto entre sus alas.

Y así, con suerte, volveremos a abrazarnos
luego de que mis ojos se sequen por completo
y antes de que tus alas se alejen volando.

La despedida

Me aferro a ti porque eres lo que queda,
me aferro a ti para que me encuentres
y me abraces y me beses y me demuestres
que podemos seguir amándonos sin condena.

No es tiempo de abrazar las fábricas,
de hacer pirámides de cristal y yeso
y refugiarse entre sus muros en silencio
para secar con un paño tus lágrimas.

Voy con un saco de sonrisas a la espalda
y un callejón sin salida justo delante.
Seré yo mismo cuando la luna cante
y seré bestia en la noche y esclavo al alba.

No poseo mayor alegría que recordarte
mas te mereces la libertad que has encontrado
lejos del circo del que me he acostumbrado,
por favor, no vuelvas tu rostro al marcharte.

Nos despedimos, te alejas en el ocaso
mientras te observo de lejos, entristecido,
borrando suavemente tus huellas del camino
a través de las amapolas que cubren el campo.

Cocodrilo

Amor y odio

Odio con el mismo desprecio
con el que me han odiado.
Amo con la misma desnudez
con la que me han amado.

Y me odian con fiereza y asco
y me repudian por ser y no ser
lo que debería seguir y no sigo
pues ya no tienen sobre mí poder.

Me han amado con dulzura y calma
y con tanta pasión y tanta sinceridad
que no puedo negar que he vivido
y vivo, ahora que sé lo que es amar.

Tierra del olvido

Reconozco que no puedo vivir ignorando
que ya no soy bienvenido en este infierno.
Los esclavos se alejan de mí por miedo
a que alguna bestia los castigue por mis actos.

Las tiernas víboras a las que aprecio tanto
no me dirigen palabra alguna, y comprendo
que estando tan vigiladas todo el tiempo
no pueden refugiarse entre mis brazos.

Las ratas han guardado nuestros secretos
y han seguido bebiendo conmigo en la taberna
y me invitaron a un trago junto a un consejo.

Confesaron que en estas calles estoy expuesto
y solo resta de mí lo que ahora mismo posea
porque me quitarán la vida, la muerte y el sosiego.

El orden de los cocodrilos

Los cocodrilos mantienen el orden
en este mundo de leyes y caos,
son ellos los que lanzan los dados
hábilmente para que siempre les toque.

Trabajan bajo tierra o en las sombras
aunque todos conocen su existencia
solo algunos reconocen su apariencia,
y saben que son quienes dictan la norma.

Siempre van en traje sin corbata ni nudo
y con una sonrisa falsa y fijada al rostro
y sus charlas apenas duran segundos.

Los temen las ratas por sus grandes ojos
y las víboras por su total control del mundo
del que nadie sabe, y yo también desconozco.

A la sombra de mí mismo

Ya solo me queda vivir
pero la vida se me escapa
de entre mis manos, y danza
sobre las hojas secas del jardín.

Ya solo resta buscar otro camino
abandonar lo que he sido y soñado
rebuscar una migaja en otro lado
donde no pregunten si he vivido.

Huye el alma de mi cuerpo
al saber que pude haber sido otro
si cada deseo que hoy añoro
lo hubiera convertido en un recuerdo.

Cocodrilos

y el que huye con el corazón roto encontrará por las esquinas
al increíble cocodrilo quieto bajo la tierna protesta de los astros.
Federico García Lorca

Me vi moribundo ante un cocodrilo
que me arrojó una rodaja de carne de gallina,
me observó comer, sumamente tranquilo,
mientras me ofrecía un lugar en las alcantarillas.

Cansado de ser un camino de huellas destruidas,
acepté pasar de esclavo a fantoche, y cuestionaba:
"¿No añoras ser el rey de las aguas cristalinas?
¿No lo sueñas, acaso, cuando la noche se acaba?"

Y tan solo mostró una tenue sonrisa en silencio.
"Yo me he soñado abandonado a la deriva
—admití—y he sentido calma al verme muerto".

¿Por qué entonces —pensé—, cuando despierto
me recorre las tripas una maraña de hormigas
que me incita a llorar y me revuelve por dentro?

Noche en las alcantarillas

Duermo en las alcantarillas con frío,
con un ojo cerrado y otro abierto,
por miedo a que los cocodrilos
devoren a los hombres que no duermen.

Me aterra pensar en no volver a verte.
Me aterra más buscarte y que te maten
a orden de los hipopótamos que nada saben
pero gobiernan el mundo sonrientes.

Temo los ojos de cordero degollado
que han arrancado de sus cuencas,
y los han puesto en los lobos sanguinarios.

Temo la influencia de quien ha estado
en el poder durante tanto tiempo,
la fama de ser intocable, aun desarmado,
jugando con el mundo entre sus dedos.

Temo el día en que las leyes se cumplan
cuando las víboras y las ratas y los esclavos
y los cocodrilos y los hipopótamos y las aves
se den cuenta que este juego ha terminado.

A la pérdida

Busco el peligro de quien la muerte ríe
durmiendo en el morro de los cocodrilos
y bañándome en las aguas estancadas
de las alcantarillas.

Busco el dolor de quien algo ha perdido
allá afuera en la noche
o dentro en el alma,
un dolor que no posee ni golpe ni herida.

Busco el desorden, la ira, el caos
de este mundo enjaulado entre mentiras
y bañado con la sangre de mil aves
víctimas de la injusticia del día a día.

Me han arrebatado mi muerte y mi vida,
me han alejado de los que amé una vez,
temo a este mundo más que los propios gallos
y siento que no podré seguir siéndome fiel.

La belleza no se mata

Ennegrecidas las aguas donde se bañan
los hipopótamos hambrientos de codicia
mezclando su aroma de puros de marca
con el hedor a muerte de las alcantarillas.

Las víboras se contornean a su son y danzan
grácilmente con el fin de mantenerlos alegres
y así no se percaten que la esencia que emanan
provoca vómitos y náuseas al resto de la gente.

Los cocodrilos los admiran con los ojos fijos,
con su traje impecable y su sonrisa permanente
esperando mansos con los papeles prohibidos
antes de que el sudor se deslice por su frente.

He allí yo, en el fondo, contemplando la escena
para ellos tan común y repugnante, acostumbrados,
mientras mantengo silencio, evitando problemas
pero con un incendio interno de frustración y asco.

Las cenizas de sus cigarros llegan hasta mis brazos
y un hipopótamo me llama para que lo alimente
con la carne de las bestias que han ido asesinando
por el gusto de tener magro tierno en su vientre.

Me quedé inmóvil mirándolo absorto ante su enfado
por no obtener de inmediato todo aquello que desea,
pero seguí allí, sin moverme del fondo, provocando
para averiguar cuál es el límite del que nos gobierna.

Una víbora se acercó para ayudarme y protegerme
pero fue asesinada frente a mis ojos, sin alcanzarme,
y la lanzó lejos, y la dejó hundirse en el agua pestilente
sin apartar su furiosa mirada de mi rostro inalterable.

"El amor no se compra, la belleza no se mata",
dije y me alejé, él se rio con sorna, al tiempo
que buscaba el cadáver de una víbora amada
aun sin saberlo, yo amé su alma, no su cuerpo.

Se acercaron los hipopótamos airados y molestos
a firmar los viles documentos que los cocodrilos
seguían sujetando entre sus manos, sonriendo
y susurrando secretos que no llegaron a mi oído.

Los hipopótamos se marcharon y el silencio
se apoderó de las alcantarillas, solo hizo falta
un gesto de los cocodrilos para comprenderlo:
"No vuelvas. Recoge el cadáver y vete a casa".

El oscuro teatro del perdón

Un mundo descompuesto pintado en tonos grises.
¿Esto es, acaso, lo que esconden los cocodrilos
mientras mastican el magro endurecido de las gallinas?
Me arrodillé ante ellos buscando un perdón que no deseo
y evitando una muerte merecida en estas tierras.

Quise ser una bestia en las noches de luna nueva,
quise ser un ave en las mañanas camino a la fábrica,
quise ser un hombre en los encuentros con las víboras,
quise ser un recuerdo en el presente agonizante
y he terminado siendo un ser abandonado por sí mismo.

Los cocodrilos me han echado de las alcantarillas
y he huido ante los cirios y una manada de ratas
me ha acorralado en el altar, y me han juzgado
como quien reconoce a un igual en otros trajes,
así me han acompañado a quejarme a la taberna.

No se vive de los sueños si solo persiste en la mente,
no se vive del deseo si se saliva y se admira desde lejos,
no se lucha con discursos lánguidos y alcoholizados,
no se lucha con el miedo a los castigos y a la tortura,
solo se vuelve un espectador más en esta obra sin vida.

Frente al espejo

El preciso dolor de olvidar el deseo
remueve el magro ajado de mis entrañas
y provoca que el corazón lata lento.

El tiempo es un cuchillo de hoja afilada
que apuñala a la memoria y el recuerdo
se vuelve el sueño de un ser sin esperanza.

El día que me hundí en este agujero
fue el mismo que dejé volar mi alma
y se ahogó en el fondo de un desierto.

No me sorprendió, así pues, una mañana
habiéndome dormido siendo un hombre hueco
haberme despertado siendo rata.

Rata

Doy gracias

Las ratas me han rescatado de las calles
antes de que las bestias volvieran de caza
para poner mi cabeza en sus ventanas
y me han acogido fielmente en sus hogares.

No puedo hablar con ellas, no me atrevo.
Yo, siendo un preso de sí mismo,
siendo un cadáver sin tumba, un cretino
que ha jugado a crear un mundo nuevo

ha sido salvado por los que callan y rezan
sin dar explicaciones, sin castigo alguno,
solo una mano tendida y una sonrisa sincera.

No soy merecedor de su afecto, mi orgullo
me ha llevado a la ruina. Aquí, en la taberna,
arrodillado, les he agradecido uno a uno.

Me disculpo

Me disculpo de antemano por ser yo mismo,
por no seguir los pasos de las bestias de la noche,
por no entender las normas que aterran de día,
por saber ser otro cuando alguien me escoge.

Me disculpo de antemano de mis trampas,
por levantarme en la noche entre sudores,
por deleitarme con pecados a través de una pantalla,
por escaparme de mi jaula en mis ensoñaciones.

Me disculpo por no sentir euforia ni alegría
cuando me exigen que me sienta alegre y bravío
y no muestro los dientes en mi falsa sonrisa.

Me disculpo por no sentir tristeza ni ira
cuando me exigen que me sienta triste y herido
y no ven una lágrima correr por mis mejillas.

El orden de las ratas

Las ratas mantienen el orden
en los días ajetreados de oficina
y escuchan y observan mentiras
y verdades que no tienen nombre.

Nunca han golpeado el mazo de la justicia
para sentenciar al reo que se confiesa
mas guardan en su haber todas las condenas
que solo salen de sus labios en su guarida.

Lo saben todo en este mundo de caos,
saben todos los secretos que se olvidan
así como las confesiones de los santos.

Lo callan todo para salvaguardar las vidas
y así se llenan día tras día de pecados
y lo sellan en las tabernas con licor y risas.

Jaulas

El sol arde, reconforta y quema,
y junto a la luna que enfría y acaricia
muestran el mundo en su grandeza.

Hay tres jaulas que me encierran:
la primera está en la tierra, la segunda
en el cielo, y en mi pecho, la tercera.

Ya amanece por el este, y en las calles
se vislumbran las gaviotas degolladas
sin ojos en sus cuencas ni sus patas
para que así los niños las lleven a clase.

Sálvenme los barcos de la ciudad.
Sálvenme las aves de la sangre,
mas si yo mismo he de salvarme
dejen que me hunda en este mar.

No se llenaba

Las estrellas se burlan de mis cartas
dos mil años y dos meses muertas.
Mi canto de cuna se torna en llanto
cada noche al despedirme de ellas.

Respiro para llenar mi pecho.
Sonrío para llenar mi alma.
Lucho para llenar mi mente
pero el hastío perdura y me mata.

Me he convertido en un eco sin voz,
en la llama de un incendio sin cenizas,
en una sombra sin luz en la noche,
en el término de un callejón sin salida.

Conseguí un hogar junto a la luna
pero mi pecho se quebró mientras dormía
soñando con ser una paloma
huyendo victoriosa de las alcantarillas.

Me alejé de la tristeza, de la fe, del odio…
Pero el vacío de la inexistencia
del sentimiento… ¡Mi alma! No se llenaba.
Ya solo resta de mí, su condescendencia.

La vida no se espera

Fui un niño nacido en libre albedrío
mecido entre las olas de un mar en calma
y ese recuerdo me carcome en el alma
y temo confesar que estoy arrepentido.

No puedo, no debo olvidar mi pasado,
no quiero olvidar quién he sido,
mis huellas formaron un camino
que me reconcome no haber continuado.

La luna siempre ha estado a mi lado
y las estrellas me han buscado cada noche
y las bestias alguna vez me saludaron.

Las ratas se han apiadado de un hombre
que no se reconoce como rata ni esclavo,
sino como un ser confuso que añora lo pagano.

Corría el rumor

Corría un rumor que asustaba a las ratas
sobre un hombre que se había enamorado
pero el amor no es cosa de esclavos
porque empiezan a creer en la esperanza.

Corría un rumor que silenciaba las tabernas
de que este hombre ya no era el hombre de antes
porque se había enamorado de un ave
que lo había convertido en una de ellas.

Corría un rumor que enfadaba a las víboras
de que esta ave era tan bella y elegante
que había conseguido pasear entre sus calles
como si esa errante traicionera fuera íncola.

Corría un rumor que avergonzaba a los cocodrilos
de que este esclavo y esta ave fueron una vez suyos
y se amaron libremente aun bajo su yugo
y se escaparon de las alcantarillas sin ser vistos.

Corría un rumor que hizo descender a los hipopótamos
y llamó a todas las bestias para que fueran a buscarlos
y llamó al verdugo, y a los hombres que seguían cavando
para que ellos construyeran los sarcófagos.

Corría un rumor que hizo de mis lágrimas un río
algunas eran de ira, otras de pena, la mayor parte de dicha
porque podíamos haber sido nosotros los protagonistas
de este rumor, que más que rumor, ya era castigo.

Algunas bestias los vieron amarse y se quedaron calladas, otras, las más fieles, los persiguieron a través del bosque, asesinaron al ave de un flechazo mientras protegía al hombre y lleváronlo a rastras mientras acariciaba las plumas de su amada.

Ejecución

¡Por hacer bien por el alma
del que van a ajusticiar!
José de Espronceda

Nace negra la fútil esperanza
de las almas que claman por la pena
si las manos que cortan la cuerda
están temblando al sujetar el hacha.

Hay determinación en la mirada del reo
que provoca admiración e ira en la multitud
y él sonríe grácilmente y se acerca a ellos
alabando su alboroto como signo de virtud.

No hay arrepentimiento en su mirada
y no es pena ese brillo de sus ojos
sino la plenitud de un alma liberada.

Finalmente, la cuerda fue cortada por el hacha
y el hombre murió con esa sonrisa en su rostro
y dejó ver, bajo las telas, sus plumas escarlatas.

Una noche de silencio

Estas noches el silencio envuelve las calles desiertas
y solo se escucha mi lánguido canto a la luna creciente
y las ratas, con sus jarras de ron y cerveza, sonrientes
hacen el coro para honrar a las almas de las estrellas.

Las mañanas se han vuelto un espectáculo de circo
pues han decidido ir confesando todos los secretos
que juraron mantener guardados todo este tiempo
para que el mundo cumpliera el rol que se ha exigido.

Las ratas ya no se burlan de mis sueños de volar
sino que me piden historias prohibidas que he vivido
junto a mi amada paloma sobre el deseo de libertad.

Las víboras han dejado de buscar clientes por la ciudad
y han empezado a amar su rostro y cuerpo, y han sentido
que la sonrisa fingida frente al espejo al fin era real.

Una madrugada tranquila

Había olvidado que las estrellas tienen nombre
y me ganan a las cartas porque les dejo mirar.
Hoy he jugado limpio en el centro de la ciudad
y he ganado al póker después de muchas noches.

No solo el cielo es distinto, más claro y brillante
sino que el aire que respiro es puro y ligero,
quizá por ello han vuelto los hombres, sin miedo,
a caminar por las calles en las noches fugaces.

Se ha visto a los hipopótamos con el rostro grave
tras saber que los cocodrilos se han reunido
en lo más profundo de las alcantarillas repugnantes

y han llamado a las víboras y ratas y han subido
para darse un baño en las fuentes de los parques
y volver a las aguas cristalinas de sus ríos.

Hipopótamo

Los hipopótamos

Los hipopótamos se alimentan de las almas desahuciadas,
de los bosques marchitos por su amargura,
de las lágrimas de las gallinas desplumadas
mientras ven el mundo a través de la cerradura.

Han creado un mundo por todos condenado
y lo contemplan desde lo alto, ocultos
en la niebla tóxica que la sangre ha auspiciado
a un futuro lleno de poder y lujos.

De camino a la fábrica, un hombre se detuvo
y comenzó a cavar su tumba frente a ellos;
al verlo convertido en un nido de larvas y musgo
lo admiraron, sonrieron y aplaudieron.

¿Cuán diminuto puede ser el panorama
si no ven la sangre en los adoquines,
si no oyen los rezos de las ratas,
si no huelen la carne descompuesta de los libres?

¡Basta! No soporto más esta agonía,
no era ni rata, ni víbora ni cocodrilo ni esclavo…
¡Era un hombre! Un hombre con la valentía
de luchar por aquello con lo que solo soñamos.

Me arrodillé ante su cuerpo descompuesto,
y lloré como si de mi propia muerte se tratara
rogué silencio y les mostré, naciendo de su pecho,
así como del mío, hermosas plumas blancas.

La muerte no se cava

Es de día, mas todo permanece oscuro.
El corazón late acelerando. Mi cuerpo
quiere huir y esconderse entre el tumulto.

Me quedo callado observándolos fijamente
y siento temblar mis manos y me abrazo
aún más fuerte al cadáver del esclavo
y rezo en mis adentros para calmar mi mente.

Un hombre de la multitud se acercó al centro
y se remangó la chaqueta de lino desgastado
y mostró unas plumas de sus brazos naciendo.

Una víbora se arrastró tímida hasta nosotros
y dejó caer su túnica de terciopelo granate
mostrando unas plumas verdes y brillantes
y escondida detrás de mí, señaló a otros.

Una a una, algunas bestias fueron avanzando
hasta el centro de la plaza, y se quitaban prendas
revelando plumas de todos los colores y tamaños.

"¡No tenéis poder desde allí arriba!" —grité con sorna,
y ya no sonrieron ni aplaudieron la escena díscola
"¡Tampoco tenéis poder aquí abajo! —reclamó una víbora,
y les enumeró, entre llantos, sus acciones perniciosas.

Los hipopótamos ordenaron calmar el reclamo
a las bestias que aún permanecían obedientes
pero nadie se atrevía a ensuciarse las manos.

La sangre comenzó a correr cuando unas flechas
fueron lanzadas a los que estaban parados, dóciles,
y atravesaron el corazón de unas víboras inmóviles
siendo el arma propia de los verdugos y bestias.

Los adoquines se tiñeron de carmín, y los sollozos
y los gritos arreciaban hasta que se oyó en lo alto un canto
y una bandada de pájaros se posó sobre nosotros.

Muerte

Unas trémulas manos cubiertas de ceniza,
próximas a una rendición temprana,
me ofrecieron sinceras y agitadas
las últimas rodajas de carne de gallina.

No hay más, no existe nada más.

Lejos quedaron los gritos de socorro,
más lejos los gruñidos y ladridos,
no se ven, tras la ventana, amortecidos
ni llegan los susurros de abandono.

¡Silencio! ¡No me despierten! ¡Silencio!

Puedo notar estos momentos de gloria
desbordarme, aquí rendido junto al fuego,
porque alguien vivo me cedió su sueño
de seguir viviendo cuando la muerte asoma.

Avanzan mis pasos

Avanzan mis pasos más allá de la muralla
creando a mis espaldas un trazado nuevo
y los hipopótamos me persiguen por el bosque,
así como las estrellas lo hacen desde el cielo.

Volví a través de mis pisadas embarradas
por las víboras y las gallinas, sonrientes
de haberme encontrado lejos de las ratas
que piden al señor curtir sus pieles.

Me encontré al oír su vocerío a través del monte.
Sueña la víbora con estrangular a las lechuzas
mientras cantan a los corderos desde lejos.

Ya los cocodrilos intentaron ahuyentarlos
con lágrimas vestidas de musgo y huevos negros,
¡malditos!, así solo consiguieron acercarlos.

Los verdugos controlan el hacha y las flechas
y nos iban derribando tanto por el claro cielo
como por la embarrada tierra que pisamos,
oí una flecha demasiado cerca, y al verlo

mi garganta formó un nudo gordiano
¡Mi paloma!¡Mi amada paloma blanca!
con una flecha atravesada en su pecho
muriendo amargamente entre mis brazos.

Pesadilla

Fue una pesadilla, un sueño que se aleja
y la ciudad despierta con mi llanto,
tan bella como siempre, tan libre y lisonjera,
fango mugriento de asesinos y alienados.

No pude salvarte, o no quise hacerlo…
Dije que no tenía miedo, pero estaba temblando,
ahogado con el humo de sus torsos de cenicero,
no dejé que te separaran de entre mis brazos.

¿No sueñan los hipopótamos con los leopardos
ni los cocodrilos, acaso, con las alcantarillas
cuando la oscuridad regresa de su letargo?

Fuimos todo lo que soñamos, paloma mía,
fuimos todo lo que perdimos y olvidamos
y seremos lo que nos una en la otra vida.

Chispa del incendio

Pero el cadáver ¡ay! siguió muriendo.
César Vallejo

Fuimos la chispa de un incendio incontrolable.
Estábamos abrazados frente al mundo,
tú ya muerta y yo muriendo por salvarte
por mantenerte a mi lado unos segundos.

"¡Dejadme despedirme!", suplicaba con rabia
pero el verdugo se acercaba ferozmente
y los salvajes celebraban con locura la matanza.

Las fieles ratas se acercaron a salvarnos
"¡Dejadle despedirse!", gritaron desesperadas
pero el verdugo se acercaba con descaro.

Los cocodrilos mostraron airados los dientes
"¡Dejadle despedirse!", gritaron con despecho
pero el verdugo se acercaba libremente.

Las víboras nos miraron apenadas, y lloraron
"¡Dejadle despedirse!", gritaron desde lejos
pero el verdugo se acercaba paso a paso.

Los hombres corrieron a vernos desde la fábrica
"¡Dejadle despedirse!", gritaron exhaustos
pero el verdugo se acercaba entre lágrimas.

Nos rodearon cientos de hombres y de bestias
"¡Dejadle despedirse!", gritaron al unísono
pero el verdugo se acercaba con tristeza.

Se arrimaron a nosotros para intentar protegernos
el verdugo se giró y clavó el hacha en el campo
y los hipopótamos dieron la orden de detenernos
pero hasta los salvajes vinieron a abrazarnos.

Sobre tierra virgen

Yo solo susurré, pero todos me oyeron.
"Que digan lo que quieran,
que acallen la rabia con sus billetes y puros".

Yo solo lo pensé, pero todos asintieron.
"No seré otro gilipollas
que acata el camino por miedo a la condena".

Yo solo caminé, pero todos me siguieron.
"Yo me marcho a mi hogar.
Si he de sufrir en la vida, elegiré yo el sendero".

Paso a paso, hice de la arena, mi calzada
llevado por los recuerdos de mi niñez,
y, uno a uno, fueron continuando mis pisadas.

A la libertad

Marchaba ferozmente hacia el final de la senda,
allí donde el invierno calma el oleaje
y los esclavos construyen pirámides en la arena.

Las víboras reptan borrando las huellas a mi espalda
y una manada de ratas me observa desde lejos.
Sienten el peligro acechando, pero no se paran.
Nos hemos unido contra el mundo para llegar a ellos.

Atrás quedó el miedo a soportar una vida esclavizada.
Los pájaros vuelan en lo alto y se detienen al vernos.
No recuerdo cuánto tiempo, absorto, me quedaba
viéndote volar, burlona, a pesar de mis consejos.

Estabas allí, en mi rebeldía, cuando escuchaba a las ratas
quejarse de las aves, ansiando yo ser una paloma herida.
Sueño con verte volar, paloma mía, en esta jaula liberada.

Entre mis sueños

Con los pies clavados en el suelo
y en el cielo, tu alma descocada,
enterré tu cuerpo bajo un cerezo
y cubrí el mío con tus plumas blancas
para volar contigo entre mis sueños,
para soñar contigo entre tus ramas.

Atrapasueños

Vuelan las lechuzas sobre el bosque marchito
y las águilas sobre el campo de flores,
pueden estar los halcones en las montañas
y los cuervos se dirigen a las ciudades.

Los atrapasueños se fabrican de hilo y plumas
y alejan las pesadillas de nuestras almas
y las acercan a una utopía tan ilícita y mundana
que el temor a despertarse se vuelve auténtico.

¡Quien cede a los sueños pierde la vida!
Ya todos los oídos escuchan el himno de las aves
y sonríen ante una nueva que espanta al cielo.

Ya mis largas alas alzan el vuelo al infinito,
ya los libres del mundo responden a lo lejos
"¡Adiós!¡Hasta nunca!¡Adiós!".

Soy un ave sin nombre ni apellido
y volaré tan alto como el cielo me permita
y le cantaré canciones a la luna cada noche
jugando al póker con las estrellas.

Funeral a un alma

Muere el cuerpo cuando el corazón se detiene
mas, ¿cuándo muere el alma?

Levantarse al alba
confundido entre sueños
y marcharse con prisas
del punto A al punto B
y del punto B al punto A,
una copa para aligerar las risas
a la espera de un mes de libertad.

¿En esto consiste vivir en sociedad?
Una rutina asesinándote en silencio
y una amargura consumiendo tu mente.
Si quieres mejorar tu vida, no te duermas
no te asfixies dando vueltas en la rueda.

El tiempo transcurre aún dentro de la jaula,
mientras sigues yendo del punto B
al punto A, una y otra y otra vez.
El cuerpo sobrevive de la inercia,
del movimiento de las garras en la acera.
No son las metas imposibles las que nos limitan,
es la forma de mirar la vida a través de la cerradura.

Detente en mitad del trazado, alza la vista,
ignora la jaula y despliega las plumas.

ÍNDICE